Lázaro Francisco Acosta Ruiz

Santayana

Lázaro Francisco Acosta Ruiz

Santayana

Un acercamiento a su vida y obra desde la poesía. Poemario del autor. Notas biográficas y bibliografía comentada

JustFiction Edition

Imprint
Any brand names and product names mentioned in this book are subject to trademark, brand or patent protection and are trademarks or registered trademarks of their respective holders. The use of brand names, product names, common names, trade names, product descriptions etc. even without a particular marking in this work is in no way to be construed to mean that such names may be regarded as unrestricted in respect of trademark and brand protection legislation and could thus be used by anyone.

Cover image: www.ingimage.com

Publisher:
JustFiction! Edition
is a trademark of
Dodo Books Indian Ocean Ltd., member of the OmniScriptum S.R.L Publishing group
str. A.Russo 15, of. 61, Chisinau-2068, Republic of Moldova Europe
Printed at: see last page
ISBN: 978-620-3-57731-0

Santayana

Un acercamiento a su vida y obra

desde la poesía

Lázaro Francisco Acosta Ruiz

(Frank Calle)

Poemario

Notas biográficas

Bibliografía comentada

La Habana, Cuba

Créditos editoriales

Santayana

Un acercamiento a su vida y su obra

desde la poesía

Dr. Lázaro Francisco Acosta Ruiz

La Habana, Cuba

INDICE

Presentación necesaria

Escribir esta pequeña obra era ya una necesidad espiritual. Desde siempre tuve inclinación al estudio de la Filosofía; pero sin razones para seguir ese camino, la vida me llevó por otros senderos, de los que no me arrepiento, porque para un pretendiente a filósofo, escritor y poeta, todo conocimiento y toda vivencia humana es sustrato de formación que siempre conduce a alguna parte, y a mí, tras largo camino, me condujo a Santayana.

Di los primeros pasos fuera del currículo, leyendo filosofía oriental, sin saber que lo era. Hasta entonces, con no más de 13 años, solo había leído a Mark Twain, y soñaba ser Tom Sawyer, que me era más cercano que el pendenciero Huckleberry. Un par de años después me apasioné por el Martí poeta y político. Leer "El presidio político en Cuba" escrito cuando Martí tenía mi edad, me causó un trauma intelectual, al pensar que jamás lograría escribir algo así. Creencia que se ratificó en mi yo interior, luego de leer sus principales discursos políticos de Tampa. Pero con el tiempo, siguiendo los caminos de la mayoría de las obras de Julio Verne y Victor Hugo, empecé a escribir los primeros relatos y cuentos de horror, influido obviamente por la obra de Poe.

Pasaron muchos años, estudie Ingeniería y Pedagogía, me dediqué a la enseñanza de la Gráfica de Ingeniería, y leí paralelamente cuanto libro llegó a mis manos; leí especialmente gran parte de la obra de Stefan Sweig, incluyendo *El mundo de ayer*. Supe entonces que todo cuanto había leído, de un modo u otro, era filosofía, y que la filosofía que había estudiado en el currículo universitario, solo sirvió para desfigurar mi formación básica filosófica, por estar centrada exclusivamente en la disputa entre idealismo y materialismo, como verdades únicas a defender desde un bando u otro, más ligado con la política que con la concepción del mundo.

Así las cosas, mis estudios sobre historia universal y poesía hispanoamericana, me trajeron de regreso al estudio de los griegos, y enseguida todo encajó como piezas faltantes de un rompecabezas incompleto. Porque al final, hoy sigo en filosofía una línea del tiempo que parte en Demócrito, en tanto antecedente del panteísmo y sigue con Sócrates, Platón, Espinosa, Santayana y Ortega y Gasset. Dicho esto, quizás se puedan comprender mejor las imágenes que dejan los poemas que reúne esta obra, relacionados directa o indirectamente con lecturas sobre la vida y obra de George Santayana. El autor.

Notas biográficas

MAG/29.01 y 05.02.2018

George Santayana nació en el número 69 (ahora 67) de la calle de San Bernardo en Madrid, con el nombre de Jorge Agustín Nicolás Ruiz de Santayana y Borrás, el 16 de diciembre de 1863.

Su padre, Agustín Ruiz de Santayana, había nacido en Zamora, estudiado Derecho y hecho un aprendizaje de pintura en el taller de Francisco de Goya. Como buen latinista tradujo al español las tragedias de Séneca.

Su madre, Josefina Borrás, que había estudiado en la universidad de Glasgow se casó en primeras nupcias con George Sturgis, un acaudalado comerciante de Boston residente en Manila, donde nació en 1851, Susan, la primera de sus seis hijos, de los que sobrevivieron tres. Susan, a quien llamaban Susana, sería la madrina y confidente de George. Al poco de fallecer en 1857 George Sturgis con sólo 40 años, Josefina Borrás viaja a Boston, donde, cumpliendo la promesa de su marido, educaría a sus hijos.

En un viaje de vacaciones a Madrid, Josefina se encuentra con Agustín Ruiz de Santayana, a quien conocía de su juventud. Deciden casarse y lo hacen en 1861. Él tiene 50 años y ella 35. Jorge Agustín Nicolás nace en 1863.

En 1869 Josefina se marcha a Boston para continuar allí la educación de sus tres hijos del primer matrimonio, como prometió al padre de ellos. George se queda al cuidado de su padre en Ávila.

En 1872 Agustín comprende que en Boston se le ofrecen mejores oportunidades de educación para su hijo y padre e hijo abandonan Ávila para reunirse con Josefina y sus otros tres hijos, un hogar donde siempre se habla español, Agustín no soporta la vida inhóspita, puritana y fría de Boston y a los pocos meses regresa él solo definitivamente a Ávila.

Josefina educó a su hijo George en un virtuosismo tan aparentemente cosmopolita como hondamente victoriano que se resumía en un único objetivo: ser una "persona fina". Esto excluía cualquier vicio y aunaba, al modo de los antiguos griegos, lo bueno, lo bello y lo verdadero.

En 1882 ingresa George en la universidad de Harvard y estudia filosofía con William James y Josiah Royce, quien dirigiría su tesis. Y en Harvard transcurrió una parte muy importante de su vida, el ya profesor y académico, filósofo, escritor y poeta.

Santayana fue brillante en la mayoría de las actividades intelectuales que desarrolló en su larga vida. Viajó medio mundo y vivió y disfrutó de la amistad de las personalidades más notables del Siglo XX, en una lista que resulta innumerable para esta apretada síntesis.

Santayana se convirtió en uno de los grandes autores en inglés de la primera mitad del siglo XX. Los ensayos y libros de Santayana tratan de filosofía, crítica literaria, política, historia de las ideas, estudios sobre la naturaleza humana, la moral y una alusión a la influencia de la religión sobre la cultura y la sociabilidad de la psicología, todo escrito con ingenio y humor, dándole a la lengua inglesa un matiz distinto del habitual. Mientras que algunos de sus libros específicamente filosóficos pueden parecer difíciles, la mayoría de sus escritos literarios son más accesibles para el público en general y exhiben una pulcritud y elegancia muy superiores a la de los demás estilistas de su tiempo.

Su producción a partir del 1899 incluye títulos como: *Lucifer: A Theological Tragedy,* en 1900 *Interpretations of Poetry and Religion,* en 1901 *A Hermit of Carmel And Other Poems,* de 1905 a 1906 escribió los cinco volúmenes de *The Life of Reason: or the Phases of Human Progress*, que constituye el punto más alto de su carrera en Harvard, y relata el camino "imaginativo" por el que las culturas y sociedades han ido conformándose. *The Life of Reason* puede ser considerada la primera obra extensa sobre el pragmatismo. En 1910 publica *Three Philosophical Poets: Lucretius, Dante, and Goethe.*

En mayo de 1911, Santayana anuncia su abandono de Harvard y emprende una gira por las universidades de Berkeley, Wisconsin, Columbia y Williams pronunciando conferencias. Sus libros se venden muy bien y sus editores le piden más.

Rechazó ofrecimientos para incorporarse al profesorado de universidades como Harvard, Columbia y Cambridge. Incluso en 1917 la universidad de Harvard le volvió a ofrecer distintas cátedras para que regresase a EE.UU.

A fin de fijar su residencia en Europa, Santayana hizo algunos viajes exploratorios y se decide por París. Se declara la I Guerra Mundial mientras había hecho una escapada a Londres y no puede regresar al Continente. Vive un tiempo en Londres, luego en Oxford y después en Cambridge. Tras el armisticio reanuda sus viajes por París, Madrid, Ávila, Florencia y Roma, que en 1920 elige como residencia principal.

Hoy estamos a un siglo de aquello años. En 1923 escribe su obra *Scepticism and Animal Faith: Introduction to a System of Philosophy,* en la que está esbozado su naturalismo; en este sentido, la única manera natural de acercarnos a la naturaleza es mediante la fe animal. Quiérase o no, existe inevitable una presencia panteísta detrás de esas ideas.

La gran obra filosófica de Santayana, donde expone su ontología y su epistemología, es *The Realms of Being* (1927–1940, 4 vols.) que establece cuatro dominios de la realidad. El primero es "The Realm of Essence", donde la esencia es parecida al eidos platónico. Vale reiterar que estamos casi a un siglos de aquellos años.

El último libro dentro de *Los reinos del ser* es "The Realm of Spirit", el reino del espíritu; es el más completo de los libros, con capítulos como "intuición" o "animismo cósmico". El espíritu según Santayana es la "actualidad pura" que permite el "*moldeo*" de la realidad; aquí la libertad adquiere una dimensión ontológica y no sólo práctica.

Su autobiografía *Persons and Places,* dividida en cinco partes cuidadosamente bautizadas "Ascendencia" (*Ancestry*), "Infancia" (*Boyhood*), "Primera Peregrinación" (*First Pilgrimage*), "En la Órbita Doméstica" (*In the Home Orbit*) y "Última Peregrinación" (*Last Pilgrimage*), narra las peripecias que contribuyen a la formación de un alter ego del autor, de nombre Oliver Alden, quien, a pesar de haber cruzado varias veces el Atlántico, siempre se daba cuenta de lo inevitablemente concentrado y encerrado que estaba en sí mismo; no sólo psicológicamente, en su espíritu y persona, sino también social y moralmente en su mundo nacional.

Persons and Places fue un éxito de crítica y público. El autor había dedicado cuarenta y siete años de su vida a la construcción de esta su única novela, que fue nominada al Premio Pulitzer, no ganándolo por no tener su autor la nacionalidad norteamericana.

A los ochenta años, Santayana vivió probablemente la época más feliz de su vida, porque ya se habían agotado todas sus expectativas y sus aspiraciones, y habitaba en el presente disfrutando intensamente de cada momento, ya fuese de lectura, soledad o conversación.

En 1952 Santayana falleció de cáncer en la *Clinica della Piccola Compagna di Maria* de Roma. A fin de mostrar su naturalismo, no quería ser enterrado en tierra consagrada, pero el único cementerio romano sin consagrar era el destinado a los criminales, a lo que se opuso el Consulado español, que facilitó el Panteón de la Obra Pía Española del cementerio Campo Verano de Roma como un lugar digno para el prestigioso ciudadano español.

El nombre grabado en su tumba está en español, seguido de los dos primeros versos, traducidos al español, de su poesía:

Le devuelvo a la tierra lo que la tierra me dio,
todo va para el surco, nada para la tumba.

Se ha consumido el pábilo y la vela del espíritu;
la vista no podrá ir adonde fue la visión.

Sólo dejo el sonido de muchas palabras
oídas al azar con ecos burlones.
Canté al cielo. El exilio me hizo libre,
llevándome de mundo en mundo, desde todos los mundos…

No teme el temporal el que se sabe
copo feliz que baila con el viento…
Algunos nacen para estar perplejos,
a un lado con su pena: de esos soy…

Autor: MAG/29.01 y 05.02.2018
http://ihfppensarlareligion.blogspot.com/2018/01/george-santayana.html

....

Una obra bibliográfica de extraordinario valor sobre la obra de Santayana, es el artículo ***"Descripción de los escritos de George Santayana,"*** de Daniel Moreno Moreno, Por el interés que pudiera tener para los estudiosos de la obra de Santayana, la hemos incluido en un Anexo, para mejorar la edición con una tipografía y un encuadre que facilite la lectura. Estudiar el original nos resultó complicado. Pensamos que esta versión ayudará.

POEMARIO

(Acercamiento cien años después de ***Scepticism and Animal Faith***)

Nada mejor para romper la espera que desespera,
en los días que no han sido,
que rescatar del olvido Utopías del pasado.
Grato me resulta entonces retomar la Filosofía,
que a ratos escondo y rescato,
siempre inconforme con mi propia ignorancia,
por no comprender a tiempo que el agnosticismo
también puede ser punto de partida:
el conocimiento ni es diestro ni es siniestro;
la Filosofía no es aceite + vinagre;
Materialismo o Idealismo
Si o No.

Miles de páginas he leído intentando comprender
por qué los sabios buscan la Verdad definitiva,
asumiendo posiciones filosóficas encontradas,
pretendiendo demostrar que existe o no existe Dios
aferrados a la defensa de una Ética ambigua,
que confunde Democracia con Revolución.

Y andando el tiempo, que sobra en Filosofía,
Espinosa me conduce directamente a Santayana,
sin tener que renunciar a Hegel,
sin tener que abandonar la poesía,
sin tener que decidir entre el huevo o la gallina...

Si al final el propósito es alcanzar la Utopía,

el resultado debiera sustentarse en una Verdad coherente,
para cualquier política que se proponga el mejoramiento humano.
Me pregunto si realmente es posible alcanzar la Utopía plena,
y pienso que sí existe una línea de pensamiento compatible
que conduce hasta Santayana:
¿Acaso Ortega y Gasset no lo intentó
en la búsqueda de una tercera posición?

Y esa revelación tardía ha sido para mí un descubrimiento.
No importa si han pasado más de cien años.
Es clara su concepción plasmada en "la razón de la ciencia"
y en "la razón de la sociedad".
Tras ella está la esencia de milenios:
Demócrito, Sócrates, Platón, Aristóteles, Spinoza, Kant,
Hegel, Spencer y hasta su contemporáneo Bergson,
aunque lo critica por momentos... (¿Por qué no?).

No importa, sí, han pasado más de cien años.
Realmente ha cambiado el mundo,
ha cambiado hasta la imagen de Dios.
Sobre estas bases me detengo y medito.
Acepto esta línea de pensamiento
y me pregunto si es posible concebir una Utopía plena
(a la manera einsteniana de experimentos de pensamiento)
sustentada en una "moral de tolerancia",
donde la virtud primera sea la inteligencia,
y la ética, como conducta subjetiva,
esté centrada en el respeto de toda proposición,
aceptando el agnosticismo dentro de los límites de la razón.
Siento que sigo una línea de pensamiento
que une milenios,

desde Platón hasta Gasset...
Pero busco exactamente el "justo medio" aristotélico,
en un acercamiento entre el todo y las partes,
entre el tú y el yo.
Por eso me detengo en Santayana;
es exactamente la línea que he seguido sin saberlo.
En él, varias Filosofías conviven en comunión.
Como hombre de Ciencia, acepta el materialismo
en tanto consolida todo conocimiento que parte de la razón.

Avizora en él, como posible, el ideal platónico de una República perfecta,
en la que no se niegue pensamiento alguno,
gobernada por los más talentosos que demuestren su valía,
elevados al gobierno no al estilo platónico de "filósofos guardianes"
sino con igualdad de posibilidades para todos los ciudadanos,
pero sin los males derivados de la herencia,
y los peores males que acompañan la mayoría de las democracias,
si antes no transitan por revoluciones,
que en la práctica nunca lo son.
En fin, la síntesis de una verdadera democracia aristocrática,
(sofocrática, sin "aristócratas", sin herencia, sin nobleza, ética por definición)
donde la inteligencia sea la virtud primera
en todos los campos de la actividad humana,
sin distinción de razas, sexo, credo, preferencia sexual,
posición política o nación;
donde las diferencias inaceptables sean cosas del pasado,
porque el pensamiento es universal y abierto,
Utopía plena del equilibrio y la razón.

----------------- *Frank Calle*

NOCTURNAL

Vagando las calles solitarias
de la ciudad dormida,
el distraído caminante
no sabe por qué camina.
Solo medita.
Su mente es un silencio de palabras que riman,
dejando a su paso la estela
de una sutil melodía.
Calle tras calle, sin premeditado destino,
la ciudad camina.
Simplemente camina...
El tiempo no existe,
solo palabras que riman o no riman;
solo sus pasos deambulan,
no dejan huellas, aunque dejan vidas.
Detrás va quedando la ciudad dormida;
y al frente, cerrándole el paso, el mar,
con su música nocturna que fascina.
Ni siquiera se percata de que la ciudad se acaba,
y que la sombra de su cuerpo ya no le sigue,
se pierde en la marea que nos trae la vida.
Detrás han quedado las calles solitarias,
los enamorados semidesnudos que hacen su nido,
los errantes que duermen en cualquier parte;
y en su mente,
sumando palabras que riman o no riman,
acompañadas de una sutil melodía,
solo ha quedado la poesía.

EN CUALQUIER INSTANTE DE CUALQUIER MULTIVERSO

Imposible quitar del pensamiento,
que somos el resultado de milenios de historia;
simples componentes de una cadena infinita,
que tiene su propia existencia,
como pequeña gota de agua
que navega en los mares del tiempo,
y entre fecha y fecha hace su vida.
Así ha sido y pasará por siempre,
con todos los humanos que en el mundo han sido.
Detengamos la máquina del cine-tiempo,
en cualquier instante de cualquier día
y observemos un cuadro, uno solo...
Imagino que ahora estoy ante Leonardo,
en un día cualquiera de su vida.
Un Leonardo inmenso, total, a todo color,
visto a través de la obra que nace ante mi vista.
Es maravilloso poder hacer un viaje en la mente,
como maravilloso es tener en nuestras manos
una obra original con cientos de años de existencia.
Es como tocar con nuestras manos... ¡A Dios!

Pero también es impactante vivir la propia historia...
Mi mente viaja ahora más allá de la hora de Cristo.
Ante mí, Sócrates...
Lo veo claramente,
rodeado de discípulos aterrados;
saben que no hay otra salida.
En sus manos la copa de la muerte espera.
Se le ve tranquilo,

como lo puede estar un sabio consciente
de su trascendencia.

Pudo evadir la muerte,
(conducta común era aceptar la clemencia)
pero en su lugar pidió de sus discípulos valentía,
cuando copa en mano aceptaba la sentencia.
Tomo hasta la última gota de cicuta.
Esperar el efecto en el lecho
no fue la espera de la muerte...
Tuvo tiempo para dar instrucciones finales:
Cumplir compromisos que no quería incumplir en esta vida

Sí, es maravilloso poder viajar al pasado.
Fascina saber que "la Academia" platoniana
existió por más de ocho siglos,
cuando "el Nuevo Mundo" colombino
tiene apenas cinco...

¿En todo caso, qué somos en el tiempo?
Suma de historias, conocidas o no,
ser y conciencia como especie en desarrollo constante,
donde nuestra Tierra es,
en el multiverso infinito,
una simple y desconocida gota de vida.
Pero somos un ente real en el espacio tiempo,
quizás una propiedad de la materia,
en cualquier instante, de cualquier multiverso,
de un tiempo inmedible,
porque el tiempo nunca existió.

----------------- *Frank Calle*

PARA VENCER A LA MUERTE

Como piedras que lanzamos a un inmenso abismo
pensando que siempre al fondo llegarán,
así lanzo mis poemas al tiempo del olvido,
con la certeza de que un lector que no ha nacido,
nacerá.

Y es esa esperanza de vencer a la muerte
más allá de lo vivido,
la que da fuerzas al poeta
para morir en paz.
Pienso como el náufrago que lanza su botella
en el mar del olvido,
llevando un mensaje que hasta después de su muerte
le salvará.

Yo lanzo mis poemas en un sobre sin destino,
para que nunca lleguen ni puedan regresar.
Quedarán olvidados entre objetos perdidos
con la certeza de que un lector que no ha nacido,
un destinatario desconocido,
nacerá.

ENTRE SOMBRAS

Vives rodeada de misterios,
pero solo ante la luz eres real.
Siempre oculta.
Siempre escondida a la mirada de todos,
mientras algunos te buscan para poder amar.

Ayudas al perseguido o al victimario,

sin preguntar,

porque no distingues entre el bien y el mal.

Simplemente existes y no existes...

Eres como el alma proyectada de las cosas,

que transforma la luz en soledad.

----------------- 

PASE LO QUE PASE

"La cosa más cierta que todos tenemos es la muerte,
y la más incierta, su hora"

Testamento de Juan Ramírez de Lucena
Protonotario de los Reyes Católicos.
Soria, 10 de septiembre de 1501
(Citado por Govert Westerveld)

Pase lo que pase el tiempo pasará,

pasarán los septiembres y los abriles,

pasarán las horas que fueron días,

los momentos que no se olvidan,

los olvidos que no vendrán.

Pasarán los recuerdos que regresan de golpe,

los que detienen el tiempo,

que reviven los días que fueron años,

los abriles, los septiembres,

y después se van.

Pasarán los días felices

para poderlos recordar.

Pasarán los días infelices,

para poderlos olvidar.

Pasarán las guerras que nunca vimos,

las tormentas, los terremotos,

las tragedias que otros no olvidarán.
Pasarán las pandemias que detienen el tiempo,
que limpian la naturaleza,
que en medio de la desgracia
nos enseñan a amar.
Pero pase lo que pase,
más allá del tiempo que no volverá,
quedarán las hojas caídas de los árboles,
la lluvia caída de las nubes,
los poemas caídos de un libro,
los días caídos de los años,
los recuerdos que regresan de golpe,
los septiembre, los abriles,
la familia que hicimos,
los amigos que siempre estuvieron,
los que se fueron para no regresar.
Y quedarán para siempre
los años que vivimos juntos,
los momentos que nunca se olvidan,
hasta el último minuto, del día final.

AMOR PERFECTO Y ETERNO

Círculo y Circunferencia son entidades geométricas
que nacen de un mismo origen,
comparten la misma suerte,
sin el uno, el otro no existe,
se parecen tanto que se confunden,
pero son diferentes.

Centro y radio son su génesis,
y sin importar las dimensiones
Círculo y Circunferencia sus propiedades mantienen.
Son el matrimonio perfecto:
viviendo eternamente unidos,
jamás entran en conflicto;
comparten la vida juntos
sin mezclar sus realidades.
Siempre la Circunferencia protege al Círculo.
Si este se expande y su área crece,
la perimetral circunferencia también lo hace.
Es la unión perfecta
que desde tiempos remotos
con la invención de la rueda
ha sido la base del desarrollo humano.
¿Qué es el amor sino eso?
Es la rueda existencial
que une destinos compartidos,
que une culturas y sentimientos.
Es la génesis del amor eterno.
Circunferencia y Círculo en un solo nido.

----------------- *Frank Calle*

ANTES DEL ALZHEIMER

Es inevitable pensar en el destino no vivido.
Quiérase o no todo destino ya está predestinado.
Prefiero entonces leer viejos poemas no olvidados,
haciendo a tiempo un viaje al pasado no borrado,
recordando y olvidando lo vivido.
Sí, esa es la cuestión: viajar al pasado,
antes de que el pasado se convierta en olvido.

Es indispensable vivir de lo vivido,
que no poder vivir de lo olvidado.
Terrible realidad no haber vivido.
después de haber vivido demasiado.
Me aterra pensar que en días no lejanos,
se borren de mi mente los recuerdos de siempre.
Será como vivir, morir y renacer
sin nadie a quien recordar,
sin nadie a quien amar,
agobiados por fotos, recuerdos y viejos libros,
que no significan nada,
viviendo acaso ratos de lucidez,
pequeños momentos temporales,
de lo que antes hemos sido.
pero solo para saber,
que muy pronto el pasado recordado,
pasará nuevamente al olvido.
¡Terrible realidad si fuese cierta!
Acostumbrados estamos desde siempre
a aceptar el destino de la muerte,
pero nos negamos a aceptar
el destino de olvidar lo que hemos sido.
¡Terrible realidad si fuese inevitable!
Yo que lucho cada día para no ser olvidado,
que he dedicado la vida para hacer de ella un libro,
no me libro de perder lo que he logrado
ni saber, al final, quién soy yo mismo..

¿PREMONICIÓN O COINCIDENCIA?

La naturaleza no es ética, responde a la línea del desarrollo más eficiente. Da la vida o la quita, no es buena o mala. El más fuerte, biológicamente, mata y gana... No pienso ahora en Darwin, que da una solución muy lenta. Un virus puede lograr mucho más en menos tiempo...
Bajo esa línea de pensamiento se han gestado estas líneas
Influidas por Spinosa y Santayana

Se fue definitivamente, solo deliraba,
invocando al futuro imaginario
que siempre vaticinaba.
Se fue definitivamente,
sin familia, sin nada.

"Se acaba el tiempo, todos morirán.
Veo muertes y más muertes,
de enfermos que nadie salva.
Se acaba el tiempo, se acaba..."

Murió centenario en octubre del 2018,
exactamente cuando todo comenzaba.
Se decía que era paranoico.
Que su mente quedó impactada en la infancia.
Se quedó solo, siendo un niño.
La gripe española fue la causa.
Un niño de las calles;
un niño sin niñez;
una niñez sin infancia.
Una infancia que se hizo adulta,
viviendo entre ratas.
Simplemente un paria, sin Púrusha.
Solo el lejano futuro que anunciaba,
siempre le acompañaba:

"Se acaba el tiempo, se acaba;

el peligro mayor no está a la vista,

esta vez nadie se salva..."

Dicen que esas fueron sus últimas palabras.

¿Viajaba su mente a la infancia,

a los trágicos días de la gripe española,

predijo el futuro que llegaba

cuando casi se marchaba?

Se fue definitivamente en octubre,

cuando todo comenzaba...

COMO PALOMAS

Me pierdo entre versos que encuentro en el camino.

Llueven sobre mi mente,

pienso que vienen de un pasado remoto,

son como palomas que regresan al nido.

A veces siento que no son míos...

Son tan perfectos... Y me asombro de mi mismo.

Parecen piezas de un texto latino;

catarata de palabras indomables;

silencios de serenata shubertiana en una partitura divina;

un claro de luna de los tantos que aún no se han escrito.

A veces siento que no son míos...

Son versos entre versos que encuentro en el camino;

Regalo de la naturaleza enamorada;

pacto con el diablo buscando la vida eterna.

¿Acaso son mis propios versos que llegan desde vidas anteriores?

¿Son como palomas que regresan al nido?

----------------- *Frank Calle*

BUSCANDO EL POEMA DE MI VIDA

¿Santayana lo encontró?

Quisiera que este fuese el poema de mi vida,
el poema inolvidable,
que viaja el mundo en todos los idiomas...
El poema que, cuando yo no esté,
nunca falte en cualquier antología.

Así piensa el poeta que ama la poesía.
El poeta que pone el alma en cada verso,
aunque nunca gane nada,
aunque pase la vida esperando el milagro,
como quien espera la suerte de ganar su lotería.

Mas, al final de sus días,
el poeta de cada noche,
el incansable poeta que escribe y escribe,
pensando que quizás mañana será el gran día,
se detiene por una vez y mira al pasado,
y solo ve poemas y poemas,
que no están en ninguna antología.

Dolorosa realidad la del poeta poeta,
que ha dedicado gran parte de su existencia,
a crear una música que a ningún Director le fascina,
sin comprender quizás,
sin valorar tal vez,
que ante sus ojos cansados,
y su pluma ya vieja y vacía,
se encuentra hoy la obra de su vida.

ANEXO - Descripción de los escritos de George Santayana

DANIEL MORENO MORENO

http://www.latorredelvirrey.es/wp-content/uploads/2016/05/torre-virrey-2.pdf, (Pg 63-71)

Daniel Moreno Moreno es doctor en Filosofía y Profesor de Filosofía en la Enseñanza Secundaria. Especialista en la obra de Miguel de Servet y en la de George Santayana, ha traducido *Platonismo y vida espiritual* (Trotta, Madrid, 2006), y es inminente la publicación de su libro *Santayana filósofo. La filosofía como forma de vida.* ISBN: 9788481648980 Editor: TROTTA

(Se respeta el texto original. Solo se han introducido modificaciones en la edición para facilitar la lectura, y de hecho la interpretación. Seguramente los lectores lo agradecerán)

....

INTRODUCCIÓN

Varias son las razones que justifican la publicación de este artículo tan *sui generis*, dedicado a la aparentemente inocua labor de describir y recopilar los escritos de Santayana. Una de ellas es que su obra es abundante y que fue publicada a lo largo de casi sesenta años, en gran parte en forma de artículos aparecidos aquí y allá que fueron luego recogidos en libros. Ello hizo necesaria la frecuente recopilación de fuentes para orientar a los estudiosos. En esa tradición, que cuenta entre sus precedentes con el anexo 'Bibliography. The Publisher Writings of George Santayana' que los editores de *Obiter Scripta* (1936), J. Buchler y B. Schwartz, incluyeron en las páginas 225- 235 y con la recopilación 'Obras de Santayana' y 'Artículos de Santayana' que José Beltrán Llavador incluye en su libro *Celebrar el mundo: introducción al pensar nómada de George Santayana*, Universitat de València, Valencia, 2002, pp. 230-236, se inscribe este estudio. Desde España, por otro lado, la recepción de los escritos santayanianos ha tenido una suerte dispar. Al estar escritos en inglés, su conocimiento directo ha sido reducido y la difusión de las traducciones, que nunca han abarcado su obra completa, ha sido escasa, debido, entre otras razones, a lo tardío de la mayoría de ellas y a proceder, en su mayor parte, de Argentina y en un momento, en plena Guerra Civil o en los años inmediatamente posteriores, que no invitaba precisamente a la filosofía. Afortunadamente, en las últimas dos décadas se vive un renacimiento del interés por su obra y se suceden los estudios, reediciones y nuevas traducciones. Por ello es necesario tener una visión del conjunto de los escritos de Santayana que salve las frecuentes lagunas y corrija algunos errores. Como todo gran filósofo, Santayana está completo en cada una de sus frases y fragmentos, pero sólo leído en el conjunto de su obra se aprecian todos los matices de su pensamiento. Precisamente el éxito de *The Life of Reason* en Estados Unidos y de *Personas y lugares* en España ha dado lugar a dos tradiciones de interpretación demasiado sesgadas por no abarcar *toda* la obra de

Santayana. Él mismo se quejó de la primera de ellas en dos escritos 'On My Friendly Critics' (1921), recogido en *Soliloquies in England and Later Soliloquies*, y '*Apologia Pro Mente Sua*' (1940), incluido en *The Philosophy of George Santayana* (ed. by Paul A. Schilpp).

Los escritos están organizados en función de la fecha original de publicación. En la bibliografía aparecen algunas de ellas con fechas diferentes, normalmente con la diferencia de un año, según se tome como referencia la edición inglesa o la norteamericana. He elegido siempre la fecha más antigua. Hay que tener en cuenta, no obstante, que la forma de escribir de Santayana hace que el orden de publicación sea engañoso. Según confesión propia, sus ideas pueden haber sido escritas o concebidas treinta años antes de ser publicadas. Sus grandes obras, además, necesitaron de una larga gestación, durante la cual fue publicando colecciones de artículos en los que anunciaba el resultado de sus meditaciones. Cuando Santayana llevó a cabo segundas ediciones, usualmente incluyendo nuevos prólogos, aparecen las dos fechas y el cambio producido. No se incluyen las reimpresiones en inglés, abundantes ya en vida de Santayana y que se suceden sin solución de continuidad hasta nuestros días, puesto que la suya es una obra viva que no ha dejado de interesar nunca. Incluyo un breve comentario sobre el contenido de cada una o sobre algún aspecto relevante, especialmente de las menos conocidas, para facilitar la tarea del posible investigador. Asimismo recojo las traducciones españolas a título informativo y, en este caso sí, las reimpresiones, porque son síntomas de la particular recepción de la obra de Santayana en Hispanoamérica y en España. He tenido en cuenta el estudio de Enrique Zuleta Álvarez 'Santayana en Hispanoamérica', *Revista de Occidente*, 79, (1987), pp. 9-25.

El carácter fragmentario y fragmentable del estilo de Santayana propició que ya en vida del autor y tras su muerte fueran numerosas las publicaciones que intentaron presentar lo más importante de su producción de forma selectiva. Se procuraba así eliminar las cuestiones supuestamente accesorias de sus escritos y presentar una línea clara de pensamiento. Los títulos recogen de modo claro el criterio de selección y han sido incluidos según el año de publicación. En los años 1936-1940, Charles Scribner's Sons, el editor norteamericano de Santayana, publicó sus obras hasta ese moment,o en quince volúmenes, con el título *The Works of George Santayana*, edición llamada *Triton Edition* en referencia a la *Fontana del Tritone* de Bernini y al poema de Wordsworth "The world is too much with us".1 Fue una edición de lujo limitada (940 copias) que incluía un prefacio en el volumen I y otro prefacio en el volumen VII, recogidos con posterioridad en *A General Confesion* y un prefacio al volumen XI presentando *The Last Puritan*. Santayana tuvo interés en enviar sendas colecciones a España, una a Antonio Marichalar y otra a Eugenio D' Ors para la Real Academia de Ciencias Morales.

……………………

COMPILACIÓN BIBLIOGRÁFICA COMENTADA

1. **1889. *Lotze's System of Philosophy.*** Texto de la Tesis Doctoral publicado por Paul G. Kuntz, Indiana University Press, Bloomington/Londres, 1971. Hasta esta publicación se desconocía la importancia para el joven Santayana de las cuestiones ontológicas, presentes en sus obras mayores. Es sorprendente la coincidencia entre los presupuestos filosóficos con los que está elaborada la tesis doctoral y los que sustentan el sistema publicado casi cincuenta años más tarde: materialismo, crítica al idealismo, al optimismo, al moralismo, a la teleología. Sus apartados son: 1. Lotze's problem. His relation to natural science. 2. Lotze and the Kantian philosophy. 3. Lotze's atomism: his argument for idealism. 4. Monism. Causality. Indetermination. 5. Personality of God. Aesthetics. Optimism.

2. **1894. 1896. 1922. *Sonnets and Others Verses.*** Stone and Kimball, Cambridge/Chicago. *Triton Edition* I. Colección de veinte sonetos de impecable factura, a los que añadió otros 30 en la segunda edición, en la misma editorial. En 1922, la editorial Constable, y en 1923, Charles Scribner's Sons, publican una nueva edición, revisada, a la que Santayana añade un prefacio que es fundamental para conocer su posición personal como poeta y su concepto de poesía. El título es *Poems: Selected by the Autor and Revised.* Traducidos por José María Alonso Gamo en *Un español en el mundo: Santayana*, Cultura Hispánica, Madrid, 1966, pp. 253-355. El soneto L fue traducido por Jorge Guillén y publicado en *Journal of Philosophy* 61 (1964), pp. 5.

3. **1896. *The Sense of Beauty. Being the Outlines of Aesthetics Theory*.** Scribner's Sons, New York. *Triton Edition* I. The MIT Press, Cambridge/London, 1988, vol. II de la Edición Crítica *The Works of George Santayana* a cargo de William G. Holzberger y Herman J. Saatkamp. Constituye el material de las clases de Santayana en el Harvard College desde 1892 hasta 1895. Está compuesto por una interesante introducción y cuatro partes: la primera, la más leída, dedicada a definir la especificidad de la belleza como valor: ser placer objetivado; en la segunda se estudian los materiales de la belleza, por ejemplo, el sexo, el sonido o el color; en la tercera se trata de la belleza de la forma, tanto del paisaje o de las obras de arte como de las palabras o los caracteres literarios y religiosos; en la cuarta se analizan las asociaciones que dotan de expresión a un objeto. Es clara la influencia de Schopenhauer y el intento de naturalizar la belleza, alejándose del tono edificante propio de otros tratados sobre estas cuestiones. Mantiene un equilibrio entre el materialismo y el platonismo que anuncia su filosofía definitiva. Aún es un buen manual. *El Sentido de la belleza. Un esbozo de teoría*

estética, en versión de J. Rovira Armengol, Dirección de Enseñanza Primaria y Normal, Montevideo, 1945 y Losada, Buenos Aires, 1969; traducción de Daniel Vieitez, Montaner y Simón, Barcelona, 1968; traducción realizada a partir de la edición crítica por Carmen García Trevijano, Tecnos, Madrid, 1999, 2002.

4. **1899. 1924. *Lucifer: A Theological Tragedy.*** H. S. Stone, New York/Chicago. *Triton Edition* I. Tragedia en cinco actos, escrita en verso blanco, de inspiración y temática poético-filosófica. La moral que se sigue es una moral de resignación inteligente ante la milenaria verdad de Lucrecio: que es signo de sabiduría esperar la muerte y debilidad el temerla. A este fin, Santayana convoca a Lucifer, a Hermes y a Cristo. La recepción por el público y la crítica fue nula. La segunda edición —Dunster House, Cambridge (MA)— incluyó un prólogo y cambió el título por *Lucifer or the Heavenly Truce: A Theological Tragedy*. El primer acto, traducido por Fernando Morales, ha sido publicado en *limbo* (*Teorema* 19/2) 11 (2000), pp. 3-18.

5. **1900. *Interpretations of Poetry and Religion.*** Scribner's Sons/A. & C. Black, New York/London. *Triton Edition* II. The MIT Press, Cambridge/London, 1990, vol. III de la Edición Crítica *The Works of George Santayana*. Es una recopilación de algunos artículos publicados previamente. El prefacio, el capítulo I, titulado 'Understanding, Imagination, and Mysticism', y el capítulo X, 'The Elements and Function of Poetry', exponen los presupuestos de una valoración original del papel de la imaginación, que modifica la relación habitual entre la religión y la poesía. El resto de capítulos —dedicados a: los himnos homéricos, el paganismo, la poesía del cristianismo, platonismo renacentista, Shakespeare, Walt Whitman y Robert Browning como poetas bárbaros, Ralph W. Emerson, y Jean Lahor— intentan demostrar la potencia hermenéutica de la nueva postura. El capítulo que ha tenido más repercusión ha sido el dedicado a Whitman y Browning, debido a su provocador enfoque. *Interpretaciones de poesía y religión*, Cátedra, Madrid, 1993, traducción realizada a partir de la edición crítica por Carmen García Trevijano y Susana Nuccetelli.

6. **1901. *A Hermit of Carmel and Other Poems.*** Scribner's/R. B. Johnson, New York/London, 1902. *Triton Edition* I. Incluye dos relatos dramáticos, dieciocho poemas líricos y elegiacos, entre ellos nueve sonetos, cinco traducciones y diez poemas varios. Son meditaciones de un espíritu lúcido caracterizadas por la duda punzante, la nostalgia por la pérdida de la inocencia primitiva, la vanidad del esfuerzo humano, el poder del arte. Destacan 'Avila', 'King's College Chapel', 'Cape Cod' y 'Spain in America'. Traducidos, salvo los relatos dramáticos, por José María Alonso Gamo en *Un español en el mundo: Santayana*, Cultura Hispánica, Madrid, 1966, pp. 357-461. *Spain in America* fue traducido también por Pedro García Marín y publicado en

Cuadernos Abulenses 26 (1997), pp. 187-194 y en *Teorema* 21/1-3 (2002), pp. 153-160. 'On the Death of a Metaphysician', traducción de José Siles Artés, en *Poesía angloamericana. Antología bilingüe (siglos XIV-XX)*, Ajuntament de L'Eliana, L'Eliana, Valencia, 2006, p. 156.

7. **1905-6. 1922**. ***The Life of Reason or The Phases of Human Progress***. I. *Introduction and Reason in Common Sense*. II. *Reason in Society*. III. *Reason in Religion*. IV. *Reason in Art*. V. *Reason in Science*. Scribner's Sons/Constable, New York/London. La segunda edición —Scribner's, New York, 1922 y Constable, London 1923— incluyó un interesante prefacio. *Triton Edition* III, IV, V. Ha sido el libro más leído e influyente en el pragmatismo norteamericano, corriente que ha destacado sobre todo la trama racionalista ilustrada, olvidando las trazas que anuncian el tono propio del último Santayana. Su contenido es enciclopédico, aunque lo más destacable no son las escasas aportaciones originales de Santayana, sino el amplio horizonte que enmarca su contenido: el naturalismo, aplicado a la genealogía de la razón, de la sociedad, de la creencia religiosa de los valores. Traducido al castellano en su momento y divulgado, hubiera contribuido a ampliar el panorama filosófico en España. Aunque el hecho de ser el libro más leído de Santayana en los Estados Unidos no favorece la comprensión de sus escritos posteriores. 'La industria, el gobierno y la guerra' de *La vida de la razón. La razón en la sociedad*, en traducción de Fernando Morales, *limbo* (*Teorema* 19/3) 12 (2000), pp. 3-19.

8. **1910**. ***Three Philosophical Poets*****:** ***Lucrecio, Dante, Goethe.*** Harvard University Press/Oxford University Press, Cambridge/London. *Triton Edition* VI. Constituye el material utilizado en conferencias y cursos previos en el Harvard College. Afirma Santayana en el prefacio que es la obra de un aficionado, no de un especialista. Lucrecio es presentado como el poeta-filósofo del naturalismo, Dante del sobrenaturalismo y Goethe del Romanticismo. Es de destacar el concepto de "poeta filosófico", así como el interés de Santayana por autores fuera del canon que se establecía en Harvard en aquella época. *Tres poetas filósofos: Lucrecio, Dante, Goethe*, traducción de José Ferrater Mora, Losada, Buenos Aires, 1943, 1952, 1969, reimpresa en Tecnos, Madrid, 1995.

9. **1910**. **'Introduction' en Spinoza, B.,** ***Ethics and "De Intellectus Emendatione".*** Traducción de A. Boyle, Dutton/Dent, New York/London, 1913, pp. vii-xxii. Una introducción a Spinoza que no ha perdido vigencia. Santayana muestra tal nivel de compenetración con Spinoza que gran parte de las afirmaciones spinozianas forman parte también de su propio sistema —por ejemplo, la identificación entre Dios y la Naturaleza o la separación entre Dios y la moral— y su juicios sobre Spinoza se le

pueden aplicar a él perfectamente, como el de la libertad conseguida al ser separado de la sinagoga y al rechazar los ofrecimientos de Heidelberg y la libertad alcanzada por él mismo al abandonar Harvard.

10. **1913. 1926**. ***Winds of Doctrine. Studies in Contemporary Opinion.*** Scribner's Sons/Dent, New York/London. La segunda edición incluye un revelador prefacio, añadido tras los acontecimientos que rodearon la Gran Guerra. *Triton Edition* VII. El tono de Santayana respecto a las opiniones que estaban de moda en su época es bastante crítico. Es el libro que marca cierto cambio respecto a *The Life of Reason*, junto con los varios prólogos que añade por estos años a las reediciones de sus obras. Quizás por esta razón incluyó como prefacio para la *Triton Edition* VII el escrito 'On the Unity of my Earlier and Later Philosophy'. Las doctrinas en el viento criticadas son: el modernismo religioso; el bergsonismo; los libros de Bertrand Russell *The Problems of Philosophy* y *Philosophical Essays* —interesante porque indica el contexto en que cristalizó la teoría santayaniana de la esencia—; Shelley como el poeta de los principios revolucionarios y la influencia de la tradición gentil en la filosofía norteamericana. 'The Genteel Tradition in American Philosophy' (1911), incluida en este volumen, fue publicada en edición bilingüe, a cargo de Pedro García Martín, en Universidad de León, León, 1993, pp. 91-137. 'La tradición gentil en la filosofía americana', traducción de Javier Alcoriza y Antonio Lastra, en George Santayana *La filosofía en América* (J. Alcoriza y A. Lastra, eds.), Biblioteca Nueva, Madrid, 2006, pp. 41-63.

11. **1915. 1939. *Egotism in German Philosophy.*** Scribner's Sons, New York; Dent, London, 1916. *Triton Edition* VI. La segunda edición incluye un nuevo prefacio y un *postcriptum.* No pretende ser una exposición académica de la filosofía alemana, pero tampoco fue un libro de guerra al uso. Santayana expone sus críticas al idealismo alemán, ya conocidas y formuladas por él con anterioridad, aunque sí es cierto que su amplia repercusión se vio favorecida por el contexto bélico. El origen del pensamiento alemán lo sitúa en la herencia protestante y en el trascendentalismo. Desde este punto de vista habla de Goethe, Kant, Fichte, Hegel, Schopenhauer y Nietzsche, autor al que le dedica los tres capítulos finales. Algunos expositores del pensamiento de Santayana no lo incluyen en la bibliografía. *El egotismo en la filosofía alemana*, traducción de Vicente P. Quintero a partir de la edición de 1939, Imán, Buenos Aires, 1942.

12. **1920**. ***Character and Opinion in the United States, With Reminiscences of William James and Josiah Royce and Academic Life in America***. Constable/Scribner's Sons/Mcleod, London/New York/Toronto. *Triton Edition* VIII. Incluye el material de las conferencias dadas ante el público inglés sobre el ambiente filosófico norteamericano,

una vez que había abandonado Boston. Parte del calvinismo y del trascendentalismo, reconoce la influencia de William James, principalmente de su obra *The Principles of Psychology,* pero le critica el subjetivismo y el interés por las experiencias religiosas extremas; tampoco acepta el planteamiento moralista del problema del mal por parte de Josiah Royce, nota el cambio que imponen los nuevos profesores de filosofía, profesionales del "nuevo empirismo", describe acerbamente el ambiente de las clases en Harvard, y se distancia del liberalismo. *Carácter y opinión en los Estados Unidos*, traducción de Fernando Lida García, Hobbs-Sudamericana, Buenos Aires, 1971. 'El trasfondo moral' y 'La opinión filosófica en América' (título original del capítulo 'Later Speculations'), traducidos por Javier Alcoriza y Antonio Lastra, en George Santayana *La filosofía en América* (J. Alcoriza y A. Lastra, eds.), Biblioteca Nueva, Madrid, 2006, pp. 71-102. KRK prepara una reimpresión de la traducción de Fernando Lida.

13. **1920. 'Three Proofs of Realism' en *Essays in Critical Realism. A Cooperative Study of the Problem of Knowledge.*** Macmillan, London, pp. 163-184. Cf. *infra* 1967a

14. **1920. *Little Essays: Drawn from the Writings of George Santayana*** *by Logan Pearsall Smith with the Collaboration of the Author.* Scribner's Sons/Constable, New York/London. L. P. Smith selecciona 114 extractos de las obras de Santayana con el objetivo de dar a conocer en Inglaterra al "distinguido filósofo", representante de la tradición latina y católica. Los ensayos proceden de *The Sense of Beauty, Interpretations of Poetry and Religion, The Life of Reason, Three Philosophical Poets*, 'Introduction' (1910), *Winds of Doctrine* y *Egotism in German Philosophy.* Los títulos, el orden y los apartados son de Santayana. Tiene cinco partes: extractos sobre la naturaleza humana, sobre religión, sobre arte y poesía, sobre poetas y filósofos, sobre materialismo y moral.

15. **1922. *Soliloquies in England and Later Soliloquies.*** Scribner's Sons/Constable, New York/London. *Triton Edition* IX. Colección de cincuenta y cinco artículos breves, aparecidos previamente en varias revistas desde 1915, y un prólogo que se cierra con tres poemas escritos durante la guerra. El tono y los temas son variados, desde la atmósfera londinense hasta el drama español, pasando por Dickens y los efectos de la guerra. Recogen al Santayana más íntimo, más estilista y más divulgativo. A juicio de algunos críticos es su obra más lograda. Por su contenido, destacan los ensayos dedicados al liberalismo y a la historia de la filosofía inglesa. 'Aversión al platonismo', 5º soliloquio, traducción de Pedro Henríquez Ureña y 'La ironía del liberalismo' (fragmentos), 43er soliloquio, traducción de Enrique Apolinar Henríquez, recogidos en *Diálogos en el limbo*, Losada, Buenos Aires, 1941, 1960, pp. 123-124 y pp. 111-114

respectivamente. 'Hermes el intérprete', 55º soliloquio, traducido por Fernando Beltrán Llavador, *Teorema* 21/1-3 (2002), pp. 49-54. 'La ironía del liberalismo', traducción de Javier Alcoriza y Antonio Lastra, *Archipiélago* 70 (2006), pp. 108-117.

16. **1923. *Scepticism and Animal Faith. Introduction to a System of Philosophy*.** Scribner's Sons/Constable, New York/London. *Triton Edition* XIII. Es una de sus obras mayores y la primera de la serie en que expone su sistema filosófico. Su punto de partida es el escepticismo moderno, al que Santayana lleva a su punto radical: el reconocimiento de que lo dado como tal no es lo que existe, sino la esencia, hay seguridad en su intuición, pero no conocimiento transitivo del mundo. Para alcanzar la seguridad que busca el pensamiento moderno, hay que renunciar totalmente al contacto con el mundo, no hay término medio. La propuesta de Santayana es reconocer la raíz natural del conocimiento, la fe animal. Así el escepticismo se hace sincero y reconoce la identidad y relación de esencias, el yo, la experiencia, el mundo, la naturaleza, las otras mentes. La esencia en tanto que tal queda como el campo para la libertad del espíritu. 'Psicología literaria', traducción de Raimundo Lida, recogido en *Diálogos en el limbo*, Losada, Buenos Aires, 1941, 1960, pp. 51-60. *Escepticismo y fe animal*, traducción de Raúl A. Piérola y Marcos A. Rosenberg, Losada, Buenos Aires, 1952, 2002.

17. **1925. 1948. *Dialogues in Limbo*.** Constable, London; Scribner's Son, New York, 1926. *Triton Edition* X.La segunda edición —Scribner's, New York— incluye tres diálogos añadidos por Santayana en 1948, titulados 'The Libertine', 'The Hidden Soul' y 'The Vortex of Dialectic'. Componen un conjunto de trece diálogos mantenidos en el limbo por las sombras de Demócrito, Alcibíades, Aristipo, Dionisio el Joven, Sócrates, Avicena y el espíritu de un Extranjero todavía viviente en la Tierra. Es una pieza maestra. Los cinco primeros diálogos están dedicados al tema de la ilusión; los tres siguientes a la democracia; los cuatro siguientes, entre los que se incluyen los tres añadidos, a la caridad; los dos últimos, al materialismo. Es decir, aparecen los temas centrales de la filosofía de Santayana. Es su hijo favorito, según confesión propia. 'Locura normal', 3er diálogo, traducción de Raimundo Lida y 'El secreto de Aristóteles', 13er diálogo, traducción de Jorge Mañach, recogidos en *Diálogos en el limbo*, Losada, Buenos Aires, 1941, 1960, pp. 15-50. *Diálogos en el limbo*, traducción de Carmen García Trevijano a partir de la edición de 1925, Tecnos, Madrid, 1996.

18. **1927. *Platonism and the Spiritual Life*.** Scribner's Sons/Constable, New York/London. *Triton Edition* X. Recoge las reflexiones en torno al libro *The Platonic Tradition in English Thought* (1926) de William R. Inge. Marca el interés del último Santayana por la vida espiritual. En este sentido anuncia *The Realm of Spirit* y *The*

Idea of Christ in the Gospel or God in Man. El tono hacia la interpretación de Platón por parte de Inge es crítico, porque convierte los valores en absolutos y en poderes y elimina el elemento espiritual de contemplación, de alejamiento de lo temporal-cruel para buscar lo eterno, presente en Platón. Santayana considera más honesta la descripción aristotélica de la intuición pura, que insiste en la imparcialidad y en la desintoxicación, la tradición hindú o la tradición cristiana cuando habla de la Tercera Persona de la Trinidad. *Platonismo y vida espiritual*, traducción de Daniel Moreno Moreno, Trotta, Madrid, 2006.

19. **1927**. ***The Realm of Essence. Book First of "Realms of Being".*** Scribner's Sons/Constable, New York/London. *Triton Edition* XIV. Incluye un interesante 'Preface to Realms of Being' ya publicado en 1924 con el título 'A Preface to a System of Philosophy'. Es la segunda obra mayor, la más leída desde la filosofía, pero cuyo sentido no se capta más que como parte de un conjunto. Expone ampliamente su teoría de la esencia, implícita en sus libros anteriores. Como fuentes cita a Platón, Descartes, Spinoza, Leibniz y al idealismo moderno. En el *Postscript* reseña tres libros recién publicados que expondrían a su juicio la misma intuición: *The Concept of Nature*, de Alfred N. Whitehead; *Ideen zu einer reinen Phänomenologie und phänomenologischen Philosophie*, de Edmund Husserl; *L'Homme et son devenir selón le Vedanta*, de René Guénon. 'Prólogo a *Los reinos del ser*', traducido por A. Marichalar, *Revista de Occidente* 144 (1935), pp. 233-254, reimpreso en *Diálogos en el limbo*, Losada, Buenos Aires, 1941, 1960, pp. 93-110. 'Prefacio a *Los reinos del ser*', traducido por Javier Alcoriza y Antonio Lastra, en George Santayana *La filosofía en América* (J. Alcoriza y A. Lastra, eds.), Biblioteca Nueva, Madrid, 2006, pp. 159-172.

20. **1930.** ***The Realm of Matter. Book Second of "Realms of Being".*** Scribner's Sons/Constable, New York/London. *Triton Edition* XIV. Tercera obra mayor. En este libro recupera la tradición de la filosofía natural para hablar de las propiedades presumibles de la sustancia, de la diferencia entre el tiempo y espacio físicos, y el espacio pictórico y tiempo sentimental, de la organización en "tropos" del flujo de la existencia, de la crítica al teleologismo y al psicologismo, y del materialismo latente de los idealistas.

21. **1931**. ***The Genteel Tradition at Bay.*** Scribner's Sons/ Adelphi, New York/London. *Triton Edition* VIII. Edición en forma de librito de tres artículos publicados previamente por *Adelphi* y *Saturday Review of Literature*, donde Santayana actualiza sus críticas a la tradición gentil y anuncia en la tercera parte el nuevo talante de su filosofía. 'La tradición gentil en apuros' traducido por Javier Alcoriza y Antonio Lastra, en George

Santayana *La filosofía en América* (J. Alcoriza y A. Lastra, eds.), Biblioteca Nueva, Madrid, 2006, pp. 123-157.

22. **1933**. ***Some Turns of Thoughts in Modern Philosophy: Five Essays***. Cambridge University Press/Scribner's Sons, Cambridge/- New York. Colección de recensiones publicadas previamente como complemento a la publicación de la conferencia leída ante la *Royal Society of Literature* con ocasión del tricentenario del nacimiento de Locke. Incluye:

—la conferencia sobre Locke, 'Locke and the Frontiers of Common Sense', donde Santayana destaca en Locke el materialismo, su moderado radicalismo y la confusión en el uso del término "idea" que tantas consecuencias tuvo para la filosofía británica posterior. Para su publicación le añadió ocho importantes "notas suplementarias". *Triton Edition* VIII.

—'Fifty Years of British Idealism' (*New Adelphi* 2 (1928), pp. 112-120), recensión del libro *Ethical Studies* de F.H. Bradley, donde critica la tendencia del idealismo a justificar cualquier hecho desde el punto de vista moral. *Triton Edition* VIII.

—'Revolutions in Science' (*New Adelphi* 1 (1928), pp. 206- 211), en torno a la teoría de la relatividad y la nueva física, acogidas como ejemplo de que también en la física se impone la variedad de teorías científicas. Santayana detecta, en la vorágine creada, la presencia de los eternos enemigos de la ciencia, que no son sólo los supersticiosos y los adivinos, sino también cierta metafísica romántica empeñada, como siempre, en negar la materia y en resucitar el libre albedrío en el corazón de la naturaleza. Irónico y desilusionado, les señala que la negación de la materia se hace desde la materia, y a los ilusionados científicos les dibuja un horizonte cargado de interrogantes. *Triton Edition* VIII. 'Revolución en la ciencia', traducción de Daniel Moreno Moreno, *limbo* (*Teorema* 24/3) 22 (2005), pp. 1-8.

—'A Long Way Round to Nirvana; or, Much Ado about Dying' (*Dial* 75 (1923), pp. 435-442), recensión del libro *Jenseits des Lustprinzips*, de Sigmund Freud. *Triton Edition* X. Meditación sobre el freudiano "rodeo hacia la muerte". 'Largo rodeo hacia el nirvana', traducción de Antonio Marichalar, *Cruz y Raya* 4 (1933), pp. 64-81, reimpreso en *Diálogos en el limbo*, Losada, Buenos Aires, 1941, 1960, pp. 82-92 y *limbo* (*Teorema* 16/3) 3 (1997), pp. 5-11.

—'The Prestige of the Infinite' (*Journal of Philosophy* 29 (1932), pp. 281-289), recensión del libro *Essai d'un Discours cohérent sur les Rapports de Dieu et du Monde*, de J. Benda. *Triton Edition* X. Santayana se desmarca de la visión romántica del infinito como noche donde se eliminan las determinaciones.

23. **1935.-1937**. ***The Last Puritan.*** *A Memoir in the Form of a Novel.* Constable /Macmillan /Scribner's Sons, London / Toronto- /New York, 1936. Cambridge/ Londres, The MIT Press, 1994, vol. IV de la Edición Crítica *The Works of George Santayana.* La edición de 1937 —*Triton Edition* XI, XII— incluye un interesante prefacio no incluido en la traducción española. Es la única novela publicada por Santayana y tiene, además de gran valor literario, la interesante circunstancia de constituir la encarnación de su sistema filosófico y la visión del espíritu sobre el Boston en el que vivió. Fue un éxito editorial al ser elegido *Book-of-the-Month Club.* El juego cervantino entre realidad y ficción fue acentuado al incluir como parte de la novela un 'Prólogo' y un 'Epílogo' donde aparece Santayana mismo dialogando con uno de los personajes sobre el contenido de la novela. 'Prólogo y Epílogo a *El último puritano*', traducción de Antonio Marichalar, *Sur* 34 (1937), pp. 7-28. *El último puritano. Una memoria en forma de novela*, Sudamericana, Buenos Aires, 1940, 1945, 1951 y Edhasa, Barcelona, 1981 (2 vols).

24. **1936. *Obiter Scripta. Lectures, Essays and Reviews by George Santayana***, (J. Buchler y B. Schwartz, eds). Scribner's Sons/Constable, New York/London. Incluye:

—'Author's Preface'. —'The Two Idealisms' ('The Two Idealisms: A Dialogue in Limbo') (*Internacional Quarterly* 6 (1902), pp. 13-28). *Triton Edition* VI. Claro precedente de *Dialogues in Limbo.* Diálogo irónico donde Santayana da muestras de alejarse de la filosofía alemana y preferir la griega.

—'What is Aesthetics?', (*Philosophical Review* 8 (1904), pp. 320-327). Lectura crítica de la *Estética* de Benedetto Croce.

—'Hamlet' ('Introduction to Hamlet'), introducción a Shakespeare's Works, Harper Edition, vol. XV, 1908, pp. ixxxxiii. *Triton Edition* II. Lectura distanciada de Hamlet como ejemplo de un carácter del Norte.

—'Plotinus and the Nature of Evil' ('Dr. Fuller, Plotinus, and the Nature of Evil'), (*Journal of Philosophy* 10 (1913), pp. 589-599). *Triton Edition* VI. Recensión del libro de su amigo Benjamin A. G. Fuller *The Problem of Evil in Plotinus*, donde Santayana defiende que el problema del mal es un falso problema.

—'The Indomitable Individual' (*New Republic* 3 (1915), pp. 64- 66).

—'Philosophical Heresy', (*Journal of Philosophy* 12 (1915), pp. 561-568). *Triton Edition* VIII. Contraposición entre la filosofía heterodoxa —las metafísicas idealistas— y la filosofía como expresión sincera del autor.

—'Literal and Symbolic Knowledge' (*Journal of Philosophy* 15 (1918), pp. 421-444). *Triton Edition* XIII. Se hace una crítica al enfoque escéptico del conocimiento anunciando *Scepticism and Animal Faith*. Si hay conocimiento literal no puede ser *del* mundo, si es conocimiento del mundo ha de ser conocimiento simbólico.

—'Penitent Art' (*Dial* 73 (1922), pp. 25-31). *Triton Edition* VII. Análisis distanciado de los ballets rusos, el cubismo y el arte salvaje.

—'The Unknowable', conferencia dada como *Herbert Spencer Lecture* en Oxford en 1923 y publicada como pequeño libro por Claredon Press, 29 pp. *Triton Edition* XIII. Otro anuncio de su sistema en gestación, esta vez de los aspectos ontológicos.

—'Some Meanings of the Word "Is"' (*Journal of Philosophy* 21 (1924), pp. 365-377). *Triton Edition* XIII. Según confesión propia, contiene todo la filosofía santayaniana de forma sucinta. La teoría de la esencia vertebra los cuatro primeros significados de 'es' —identidad, equivalencia, definición y predicación— y le permite dialogar con la filosofía de la lógica y la fenomenología; el acotamiento del significado de "es" como derivación le distancia de cualquier reduccionismo, sea naturalista o positivista; y la radical distinción entre esencia y existencia le salva de las paradojas del idealismo moderno. Mención especial merece el significado de "es" como actualidad —*actuality*— donde Santayana anuncia una ontología de la intuición. 'Algunos significados de la palabra "es"', traducción de Daniel Moreno Moreno, *Revista de Occidente*, 298, (2006), pp. 5-26

—'Dewey's Naturalistic Metaphysics' (*Journal of Philosophy* 22 (1925), pp. 673-688). *Triton Edition* VIII. Recensión del libro de John Dewey *Experience and Nature*, donde queda clara la diferencia de talantes entre ambos, tanto en los intereses como en el vocabulario. Anuncia la ausencia de presupuestos comunes con los futuros lectores de Santayana, educados en la tradición deweyana.

—'Overheard in Seville' ('Overheard in Seville: During the Processions on Maundy Thursday'), (*Dial* 82 (1927), pp. 282-286). *Triton Edition* I. Fruto de sus paseos turísticos por Sevilla. Da título al *Bulletin of the Santayana Society*.

—'An Aesthetic Soviet' (*Dial* 82 (1927), pp. 361-370). Ironía santayaniana en grado sumo sobre los estetas de los años veinte, decididos a "hacerse soviéticos".

—'A Few Remaks' (*Life and Letters* 2 (1929), pp. 29-35). Acotaciones sobre el crimen, la prudencia, el dinero y el autosacrificio. Traducido por Raimundo Lida y recogido en *Diálogos en el limbo*, Losada, Buenos Aires, 1941, 1960, pp. 115-122.

—'Proust on Essences' (*Life and Letters* 2 (1929), pp. 455- 459). Santayana encuentra su misma concepción de la esencia en la novela de Proust *Le Temps Retrouvé* II, pp. 14- 23. 'Proust y las esencias', traducido por Raimundo Lida y recogido en *Diálogos en el limbo*, Losada, Buenos Aires, 1941, 1960, pp. 61-65.

—'Ultimate Religion', conferencia pronunciada en La Haya con ocasión del tricentenario del nacimiento de Spinoza, recogida en *Septimana Spinozana*, Hagae Comitis, Martines Nijhoff, 1923, pp. 105-115. *Triton Edition* X. El título alude a la filosofía de un espíritu completamente libre y desilusionado. Santayana anuncia el contenido de *The Realm of Spirit*. Fue traducida por Antonio Marichalar para *Revista de Occidente* 126, (1933), pp. 274-292, recogida en *Diálogos en el limbo*, Losada, Buenos Aires, 1941, 1960, pp. 67-81, reeditada en *Revista de Occidente*, 79, (1987), pp. 27- 42 y recogida en *limbo* (*Teorema* 16/3) 3 (1997), pp. 13-23.

—'Bibliography. The Publisher Writings of George Santayana', elaborada por Justus Buchler y Benjamin Schwartz, pp. 225-235.

25. **1936**. ***Philosophy of Santayana:*** *Selections From the Works of George Santayana*, (I. Edman, ed.). Scribner's, New York. Incluye: 'A Brief History of My Opinions' (1930), doce poemas y una acertada selección de *The Sense of Beauty*, *The Life of Reason*, *Three Philosophical Poets*, *Soliloquies in England and Later Soliloquies*, *Scepticism and Animal Faith*, *Dialogues in Limbo*, *Platonism and the Spiritual Life*, *The Realm of Essence*, *The Realm of Matter*, *Some Turns of Thought in Modern Philosophy*, *Obiter Scripta*, *The Last Puritan*.

26. **1937**. ***The Realm of Truth. Book Third of "Realms of Being"***. Constable, London; Scribner's Sons, New York, 1938. *Triton Edition* XV. Cuarta obra mayor. La unidad del libro viene dada no tanto por la descripción del ámbito de la verdad, imposible e ininteresante, como por la crítica a otras concepciones de la verdad que, o bien, la vinculan a la necesidad y la lógica — ontologismo, hegelianismo—, o bien, por reacción, la hacen inatrapable, como el vitalismo. Según Santayana las verdades humanas son perspectivistas, pero legítimas. Sólo el espíritu en nosotros puede contemplar la verdad sin amor ni odio, sin fanatismo. 'Prólogo al *Reino de la verdad*', traducción de Antonio Marichalar, *Sur* 63 (1939), pp. 11-17.

27. **1940.** ***The Realm of Spirit. Book Fourth of "Realms of Being"***. Scribner's Sons/ Constable, New York/London. *Triton Edition* XV. Quinta obra mayor. Incluye un largo e interesante capítulo final titulado 'General Review of *Realms of Being*'. Culminación del sistema santayaniano donde aparece el mensaje final que movía sus luchas filosóficas. Por eso ha de ser leído comprensivamente y con sosiego, como un libro de reflexión. Muestra el camino por el que, en los momentos espirituales, el hombre se libera de la Carne, del Mundo y del Demonio, de manera que queda convertido a la caridad, la oración y el humor. El último capítulo, 'Union', ofrece su testamento espiritual.

28. 1940. ***The Philosophy of George Santayana,*** (P. A. Schilpp, ed.). Northwestern University Press, Evanston. Es el volumen II de la serie *The Library of Living Philosophers.* El vol I había sido dedicado a John Dewey, y los siguientes a Alfred North Whitehead, George E. Moore y Bertrand Russell. Además de contar con dieciocho colaboraciones analizando la obra de Santayana, incluye dos obras de éste:

—'A General Confesión', título nuevo con que el mismo Santayana reunifica tres escritos anteriores: I. 'A Brief History of My Opinions', *Contemporary American Philosophy: Personal Statements*, George P. Adams y William P. Montague (eds.), vol. II, Nueva York, Macmillan, 1930 –'Breve historia de mis opiniones', traducción de Antonio Marichalar, *Sur* 7 (1933), pp. 7-44, recogido en *Diálogos en el limbo*, Losada, Buenos Aires, 1941, 1960, pp. 125-148 y en *limbo* (*Teorema* 17/1) 4 (1998), pp. 5-21-; II. Un fragmento del Prefacio a *Triton Edition* I; III. Prefacio a *Triton Edition* VII, titulado 'On the Unity of my Earlier and Later Philosophy'. Breve e interesante. Abundantemente leído y citado. Una buena presentación de Santayana a cargo de sí mismo. 27 pp.

—'*Apologia Pro Mente Sua*', tercer apartado del libro donde Santayana responde por extenso a los dieciocho intérpretes de su pensamiento. En general, no se siente bien interpretado. Los apartados son: I. Early Criticism; II. Materialism; III. Dogmatism; IV. Scepticism; V. Phycis, Metaphysics, and Psychology; VI. Misunderstandings of Essence; VII. Relation to Platonism; VIII. Criticism; IX. Humanism; X. Rational and Post-Rational Morality; XI. Physical Impresión, Feeling, and Intuition; XII. Substance; XIII. Personalities and Personal Remarks. 208 pp. '*Apologia Pro Mente Sua*', Dirección de Enseñanza Primaria y Normal, Montevideo, 1945.

29. 1941. ***Diálogos en el limbo.*** Losada, Buenos Aires. Incluye: 'Locura normal', 'El secreto de Aristóteles', 'Psicología literaria', 'Proust y las esencias', 'Religión última', 'Largo rodeo hacia el Nirvana', 'Prólogo a *Los reinos del ser*', 'La ironía del liberalismo' (fragmentos), 'Del crimen', 'Aversión al platonismo', 'Breve historia de mis opiniones'.

30. 1942. ***Realms of Being.*** Scribner's Sons, NewYork. Edición en un volumen de *The Realm of Essence*, *The Realm of Matter*, *The Realm of Truth* y *The Realm of Spirit.* Santayana añade una interesante introducción. Esta obra recibió en 1945 la distinción *Nicholas Murray Butler Gold Medal* de la Universidad de Columbia a la mejor contribución filosófica de los últimos cinco años. *Los reinos del ser*, traducción de Francisco González Aramburu, FCE, México, 1959, 1985, 2006.

31. 1944. ***The Background of My Life***, vol. I de *Persons and Places*. Scribner's Sons, New York. Fue un éxito editorial al ser elegido *Book-of-the-Month Club*, una vez que el manuscrito superó las barreras establecidas por la guerra mundial entre Italia y Nueva York. Santayana comienza dando los datos de su partida de nacimiento y recuerda la vida de sus padres, su infancia en Ávila y en Boston y su formación hasta la Universidad. *Personas y lugares. Primeros recuerdos de mi vida*, traducción de Pedro Lecuona, Sudamericana, Buenos Aires, 1944.

32. 1945. ***The Middle Span***, vol II de *Persons and Places*. Scribner's Sons, New York. El título fue puesto por Wheelock, editor de Scribner's. Santayana recuerda su viaje a Alemania en 1886, su año en Londres en 1887, su relación con su amigo John Russell, sus clases en Harvard en 1889, sus amigos y la sociedad de Boston y describe a numerosos americanos en Europa en el cambio de siglo. *En la mitad del camino*, traducción de Pedro Lecuona, Sudamericana, Buenos Aires, 1946.

33. 1946. ***The Idea of Christ in the Gospels or God in Man: A Critical Essay***. Scribner's Sons/Saunders, New York/Toronto. Corolario de las reflexiones de Santayana sobre la religión y la figura de Cristo. Presupuesto en *The Realm of Spirit*, aunque publicado más tarde. Fue inspirado por el libro de P. L. Couchoud, *Jésus, le Dieu fait homme*. Santayana se interesa más que por el Jesús histórico por la idea de la relación entre lo humano y lo espiritual que establecieron los judíos helenizantes en la figura de Cristo. *La idea de Cristo en los Evangelios*, traducción de Demetrio Náñez, Sudamericana, Buenos Aires, 1947, 1966.

34. **1950. 1964. *The Wisdom of George Santayana*** *(Atoms of Thought)*. (Ira D. Cardiff, ed.). Philosophical Library, New York. Colección de fragmentos y citas santayanianos listos para ser consumidos. El resultado no agradó demasiado a Santayana. La segunda edición incluye textos de las obras posteriores a 1950. *Átomos de pensamiento*, traducción de Amando Lázaro Ros de la edición de 1950, Aguilar, Madrid, 1956.

35. 1951. ***Dominations and Powers: Reflections on Liberty, Society, and Government.*** Scribner's Sons/Constable, New York/London. Santayana lo fue elaborando a lo largo de toda su vida. En su última etapa fue escrito a la vez que *The Realm of Spirit*. Constituye una interpretación materialista de la política escrita desde el punto de vista del espíritu. Con esta obra se cierra su sistema filosófico. *Dominaciones y potestades. Reflexiones acerca de la Sociedad, la Libertad y el*

Gobierno, traducción de José Antonio Fontanilla, Aguilar, Madrid, 1953 y con traducción de Guido F. Pargagnol, Sudamericana, Buenos Aires, 1954. 'Comentario al Discurso de Gettysburg' (capítulos 26-34), traducido por Javier Alcoriza y Antonio Lastra, en George Santayana *La filosofía en América* (J. Alcoriza y A. Lastra, eds.), Biblioteca Nueva, Madrid, 2006, pp. 179-224.

36. **1953**. ***My Host the World***, vol III de *Persons and Places*. Cresset Press/Scribner's Son, London/New York. Tercera parte de la autobiografía publicada póstumamente. El título fue elegido por el editor. Se recogen las personas y lugares desde el año 1893, año de su *metanoia*, su vida en el *King's College*, sus impresiones de Bertrand Russell, sus viajes al sur de Italia, Egipto, Grecia, su vuelta a Harvard, su estancia en Londres durante la Gran Guerra, las estancias con John Russell en su casa de campo, sus amigos de Oxford, su distanciamiento de Inglaterra y de Estados Unidos, su vida en París y la elección de Roma como destino definitivo desde el que visitar Venecia y Cortina d'Ampezzo. Incluye un magnífico epílogo. *Mi anfitrión el mundo*, traducción de Pedro Lecuona, Sudamericana, Buenos Aires, 1955.

37. **1953**. ***The Poet's Testament: Poems and Two Plays.*** Scribner's Sons, New York. Se recogen algunos poemas sueltos de su primera época y cinco poemas escritos al final de su vida, además de la traducción del poema de Jorge Guillén 'Estatua Ecuestre' (1950). Destacan 'Epitaph' y 'The Poet's Testament'. Este último fue leído durante su sepultura en el Panteón de la Obra Pía Española del *Cimiterio Monumentale al Verano* de Roma. Traducidos en su mayor parte por José María Alonso Gamo en *Un español en el mundo: Santayana*, Cultura Hispánica, Madrid, 1966, pp. 463-479. 'Epitaph', traducido por P. García Martín en *El sustrato abulense de Jorge Santayana*, Diputación Provincial de Ávila, Ávila, 1989, p. 339 y recogido en *Teorema* 21/1-3, p. 259. 'The Poet's Testament', traducción de José Siles Artés, en *Poesía angloamericana. Antología bilingüe (siglos XIV-XX)*, Ajuntament de L'Eliana, L'Eliana, Valencia, 2006, p. 157.

38. **1954**. ***The Life of Reason or The Phases of Human Progress.*** *Revised by the Autor in Collaboration with Daniel Cory.* Scribner's Sons/Constable, New York/London. En el otoño de 1951, Santayana y Daniel Cory comenzaron la revisión de su gran obra de juventud para editarla en un solo volumen. La mala vista de Santayana y su muerte dejaron la labor en manos de Cory. La revisión consistió en eliminar la introducción original, el prefacio a la segunda edición, los capítulos IV y IX de *Reason in Common Sense*, el capítulo XV de *Reason in Religión*, el capítulo IV de *Reason in Science* y numerosos párrafos de aquí y allá. En general se eliminan las partes más filosóficas. *La vida de la razón o fases del progreso humano*, traducción de Rodolfo M. Agoglia y

Aída A. de Bogan, Nova, Buenos Aires, 1954, 1958. 'Breviario sobre la educación', selección de la traducción de 1958 a cargo de José Beltrán Llavador, *limbo* (*Teorema* 22/1-2) 17 (2003), pp. 37-45. *La vida de la razón o fases del progreso humano*, selección de la traducción de 1958 a cargo de José Beltrán Llavador, Tecnos, Madrid, 2005.

39. **1955**. *The Letters of George Santayana*, (D. Cory, ed.). Scribner's Sons, New York. Incompleta aunque acertada recopilación de cartas de Santayana a cargo de Daniel Cory. Puerta privilegiada de acceso a las circunstancias de su vida, así como a sus opiniones sobre sus propias obras e ideas, sus abundantes lecturas y los avatares políticos que jalonaron su larga vida.

40. **1956.** *Essays in Literary Criticism of George Santayana* (I. Singer, ed.). Scribner's Sons, New York. Incluye: 'Three Philosophical Poets'; capítulos 2, 5, 6, 7, 8 y 10 de *Interpretations of Poetry and Religion*; 'Cervantes' (1897); 'Hamlet' (1908); capítulo 6 de *Egotism in German Philosophy*; capítulo 5 de Winds of Doctrine; 'Leopardi' (1935); 'Dickens' (1922), 'Penitent Art' (1922), 'Proust on Essences' (1929); prólogo, epílogo y extractos de *The Last Puritan*; 'Tragic Philosophy' (1936); capítulos 5 y 6 de *Reason in Art*; capítulos 44 y 48 de *The Sense of Beauty*; capítulo 24 de *Scepticism and Animal Faith*; capítulo 4 de *Reason in Religion*.

41. **1957**. *The Idler and His Works, and Other Essays by George Santayana*, (D. Cory, ed.) George Braziller, New York. Incluye seis artículos publicados con anterioridad por Santayana y seis publicados póstumamente por D. Cory. Contiene:

—'The Idler and His Works', donde Santayana se describe a sí mismo y presenta algunas de sus obras, especialmente *The Life of Reason*, de la que se distancia ostensiblemente. Aporta información valiosa. Parece escrito como apéndice a su autobiografía. 'El ocioso y sus obras', *Atlántico*, 14 (1960), pp. 5-23.

—'Americanism', crítica de la cultura norteamericana por su liberalismo, democracia, pragmatismo y trascendentalismo romántico.

—'The Search for the True Plato' (*International Monthly* 24 (1902), pp. 185-199). Sobre los estudios de Lewis Campbell, Henry Jackson y Lutoslawski sobre Platón. Santayana critica el finalismo del *Timeo*.

—'The Ethical Doctrine of Spinoza' (*Harvard Monthly*, 2 (1886), pp. 122-152). Primeras manifestaciones del interés de Santayana por Spinoza, un autor que le acompañó toda su vida.

—'Spengler' (*New Adelphi* 2 (1929), pp. 210-214). Recensión del libro de Oswald Spengler, *The Decline of the West*.

—'James's Psychology' (*Atlantic Monthly* 67 (1891), pp. 552- 556). Recensión del libro de William James, *The Principles of Psychology.*

—'Croce's Aesthetics' (*Journal of Comparative Literature* 1 (1903), pp. 191-195). Recensión del libro de Benedetto Croce, *Estetica como scienza dell' espresione e linguistica generale.*

—'On Metaphysical Projection', concebida, a juicio de Cory, como una introducción alternativa a *Realms of Being.* Es interesante porque versa sobre el hilo de oro de su filosofía.

—'Human Symbols for Matter'. De la inevitabilidad y potencia del simbolismo humano y de las mitologías morales.

—'Moral Symbols in the Bible'. Sobre el Sabbath, la Ley, la Alianza, el Reino de los Cielos. Según Cory, es de la época de *Interpretations of Poetry and Religion.*

—'The Coming Philosophy' (*Journal of Philosophy* 11 (1914), pp. 449-463). Escrito al hilo del libro *The Concept of Consciousness*, de Edwin B. Holt, tomado como ejemplo dela filosofía neorrealista norteamericana de la que Santayana se separa cada vez más. Considera que hablar de "entidades neutrales" lleva a hacer las cosas materiales compuestas de elementos inmateriales.

—'On Inmortality'.

42. **1963**. Cory, D., *Santayana: The Later Years. A Portrait with Letters.* George Braziller, New York. Libro escrito por Cory con las anotaciones que fue recogiendo a lo largo de su relación con Santayana desde 1927 y la abundante información recogida en las cartas que le envió. Es muy interesante porque incluye numerosos comentarios de Santayana sobre sus propias obras. Actualmente se pueden consultar esas cartas de forma completa en la edición crítica.

43. **1963**. *Persons and Places.* Scribner's Sons, New York. Edición en un volumen de los tres anteriores, con una introducción de Daniel Cory.

44. **1967**a. *Animal Faith and Spiritual Life: Previously Unpublished and Uncollected Writings by George Santayana with Critical Essays on His Thought*, (ed. by J. Lachs). Appleton-Century-Crofts, New York. Los ensayos más relevantes son:

—'Three Proofs of Realism' en *Essays in Critical Realism*, Londres, MacMillan, 1920, pp. 163-184. Le ha valido una etiqueta útil para las clasificaciones al uso, realista crítico. Defiende el realismo, aunque reconoce que no se le puede probar a un completo escéptico o a un idealista absoluto.

—'Bishop Berkeley', en *From Anne to Victoria: Essays by Various Hands* (ed. by B. Dobrée), Londres, Cassell, 1937, pp. 75-88. Santayana presenta a Berkeley como pensador idealista de inspiración y naturalista en el fondo. *Triton Edition* VII.

—'Some Development of Materialism' (*The American Acholar* 18 (1949), pp. 271-281). Escrito al hilo del libro *Questioni del Leninismo* de P. Togliatti, donde habla del materialismo de Marx en su relación con Hegel.

45. **1967b**. *The Genteel Tradition: Nine Essays by George Santayana*. (D. L. Wilson, ed.). University of Nebraska, Lincoln/London, 1998. Incluye: 'Young Sammy's First Wild Oats' (1900), 'The Genteel Tradition in American Philosophy' (1911), 'Shakespeare: Made in America' (1915), 'Genteel American Poetry' (1915), 'The Moral Background' (1920), 'Philosophical Opinion in America' (1918), 'Materialism and Idealism in America' (1919), 'Marginal Notes on Civilization in the United States' (1922), 'The Genteel Tradition at Bay' (1931). Los ensayos de 1920, 1919 y 1918 corresponden a los capítulos I, V y VI, respectivamente, de *Character and Opinión in the United States* (1920). 'Shakespeare americano', 'Notas marginales sobre la civilización en los Estados Unidos', traducidos por Javier Alcoriza y Antonio Lastra, en George Santayana *La filosofía en América* (J. Alcoriza y A. Lastra, eds.), Biblioteca Nueva, Madrid, 2006, pp. 65-70 y 103-121, respectivamente.

46. **1967c.** *George Santayana's America: Essays on Literature and Culture*. (J. Ballowe, ed.). University of Illinois, Urbana/London. Incluye: 'Glimpses of Old Boston' (1932), 'The *Lampoon* from 1883 to 1886' (1901), 'Thomas Parker Sanborn' (1889), 'A Glimpse of Yale' (1892), 'The Spirit and Ideals of Harvard University' (1894), 'The Optimism of Ralph Waldo Emerson' (1886), 'Emerson's Poems Proclaim the Divinity of Nature, with Freedom as His Profondest Ideal', (1903), 'Walt Whitman: A Dialogue' (1890), 'Tradition and Practice' (1904), 'Philosophy of the Bleachers' (1894), 'What Is a Philistine' (1892), 'Shakespeare: Made in America' (1915), 'The Geentel American Poetry' (1915), 'The Alleged Catholic Danger' (1916), 'American Youngs Radicals' (1922), 'Marginal Notes on *Civilization in the United States*' (1922).

47. **1968**. *The Birth of Reason and Other Essays by George Santayana*, (D. Cory, ed.). Columbia University, New York. Colección de veintidós pequeños ensayos o fragmentos. Destacan: 'The Philosophy of Travel' ('Filosofía del viaje', *Revista de Occidente* 2, (1964), p. 276-287); 'The Soul at Play'; 'The Birth of Reason'; 'Alternatives to Liberalism'; 'Bertrand Russell's Searchlight', recensión de 1936 del libro de Russell, *Religion and Science*; 'Three American Philosophers', que son John Dewey, William James, y él mismo; 'What Is the Ego?' capítulo no publicado en su momento de *Egotism in German Philosophy*. Especialmente interesante es 'On the

False Steps of Philosophy', (*Journal of Philosophy* 61 (1964), pp. 6-19) porque la crítica del "paso en falso" principal que Santayana señala es el hilo de oro que recorre todo su sistema. 'De los pasos en falso en filosofía', traducción de Carmen García Trevijano, *limbo* (*Teorema* 19/1) 10 (2000), pp. 3-15. *El nacimiento de la razón y otros ensayos*, traducción de Nuria Parés, Roble, México, 1971. 'Tom Sawyer y don Quijote' y 'Tres filósofos americanos', traducción de Javier Alcoriza y Antonio Lastra, *Archipiélago* 70 (2006), pp. 119-122 y en George Santayana *La filosofía en América* (J. Alcoriza y A. Lastra, eds.), Biblioteca Nueva, Madrid, 2006, pp. 173-178 y 225-228, respectivamente.

48. **1968.** *Santayana on America: Essays, Notes and Letters on American Life, Literature and Philosophy* (R. C. Lyon, ed.). Harcourt, Brace and World, New York. Incluye: 'A Brief History of My Opinion' (1930), 'Tradition and Practice' (1904), 'The Genteel Tradition in American Philosophy' (1911), 'Dewey's Naturalistic Metaphysics' (1925), 'American Youngs Radicals' (1922), 'Marginal Notes on *Civilization in the United States*' (1922), 'Americanism-2' (1955), 'Walt Whitman: A Dialogue' (1890), 'The Geentel American Poetry' (1915).

49. **1968**. *Selected Critical Writings of George Santayana* (N. Henfrey, ed.), 2 vols. Cambridge University Press, Cambridge. Incluye, entre otros: "Introduction to Hamlet" (1906-1908), "A Contrast with Spanihs Drama" (1921), "Tragic Philosophy" (1936), "What is Aesthetics" (1904), "Penitent Art" (1922), "Classic Liberty" (1915), "Liberalism and Culture" (1915), "The Human Scale" (1916), "The Genteel Tradition in American Philosophy" (1911), "Dr. Fuller, Plotinus and the Nature of Evil" (1913). Así como amplios extractos de *The Sense of Beauty*, *Interpretations of Poetry and Religion*, *The Life of Reason* (vols. I-IV), *Three Philosophical Poets*, *Winds of Doctrine*, *Egotism in German Philosophy*, *Character and Opinion in the United States*, *Soliloquies in England and Later Soliloquies*, *Obiter Scripta* y *Persons and Places*.

50. **1969.** *Physical Order and Moral Liberty: Previously Unpublished Essays of George Santayana*, (J. y S. Lachs eds.). Vanderbilt University, Nashville. Resto de fragmentos publicables no recogidos en la edición de 1967 y el primer ensayo escrito por Santayana, 'The Problem of the Freedom of the Will in Its Relation to Ethics' (1885) sobre el schopenhaueriano tema de la libertad de la voluntad.

51. **1970.** *Poems of George Santayana* (R. Hutchinson, ed.). Dover, NewYork.

52. **1979.** *The Complete Poems of George Santayana: A Critical Edition* (W.G. Holzberger, ed.). Bucknell University Press/Associated University Press, Lewisburg/London.

53. **1985.** 'Jorge Santayana y sus vínculos humanos en Ávila. Breve recopilación epistolar', P. García Martin, *Azalea* 1 (1985), pp. 359-368. Preciosa recopilación de doce cartas que Santayana envió a Ávila entre 1906 y 1941 once de ellas escritas en castellano. Muestran su vinculación con Ávila.

54. **1987**. *Persons and Places: Fragments of Autobiography.* The MIT Press, Cambridge/London. Vol. I de la Edición Crítica *The Works of George Santayana.* Esta edición restituye el texto original con las partes eliminadas en su momento y las erratas corregidas. En esta obra Santayana recoge los hechos más importantes de su vida, tamizados por su larga experiencia y cargados de reflexiones filosóficas sobre las personas que conoció, los lugares que frecuentó y sus propias obras publicadas e ideas más importantes. Aunque los hechos narrados corresponden a la primera etapa de su vida, el talante con el que los recuerda está en sintonía con su testamento espiritual. *Personas y lugares. Fragmentos de autobiografía*, Trotta, Madrid, 2002, traducción de Pedro García Martín.

55. **2001-2006**. *The Letters of George Santayana. Critical Edition.* The MIT Press, Cambridge/London. Vol. V de la Edición Crítica *The Works of George Santayana* a cargo de W. G. Holzberger y H. J. Saatkamp. Este volumen incluirá en sus ocho libros la edición crítica de las más de 3.000 cartas conservadas de Santayana. Esta edición completa la que hizo D. Cory en 1954. Hasta ahora se han publicado los siguientes: *The Letters of George Santayana. Book One (1868- 1909)*, 2001; *The Letters of George Santayana. Book Two (1910-1920)*, 2001; *The Letters of George Santayana. Book Three (1921-1927)*, 2002; *The Letters of George Santayana. Book Four (1928-1932)*, 2003; *The Letters of George Santayana. Book Five (1933-1936)*, 2003; *The Letters of George Santayana. Book Six (1937-1940)*, 2004; *The Letters of George Santayana. Book Seven (1941-1947)*, (en preparación) y *The Letters of George Santayana. Book Eight (1948-1952)* (en preparación). Destaca la inclusión de numerosas cartas dirigidas a Charles A. Strong y también a Daniel Cory. Buen número de las primeras destacan por su gran contenido filosófico y permiten iluminar las discrepancias entre Santayana y Strong. Se creían perdidas, hasta que se han encontrado en 1999. Resultarían imprescindibles para un posible estudio que relacionara los planteamientos filosóficos de ambos autores con la polémica entre el neorrealismo y el realismo crítico como trasfondo. Son de destacar también las que recogen las dificultades de su familia y amigos durante la contienda civil española.

56. **2006**. *Fragmentos de correspondencia romana. George Santayana a Robert Lowell* (ed. de G. Fantini). Instituto Cervantes de Roma, Roma. Selección de diez cartas de Santayana a Robert Lowell escritas entre 1947 y 1950. Magnífico ejemplo de sociedad ideal entre dos poetas o de unanimidad en el reino del espíritu, salvando las diferencias de generación, talante y gustos literarios.

....

Desde el punto de vista biográfico, se puede apreciar, al repasar el listado de los escritos santayanianos, que, tras abandonar Estados Unidos y su puesto de profesor en Harvard, cuando cumplía cincuenta años, dio comienzo una fértil etapa de, por un lado, revisión de su importante obra anterior y, por otro, gestación de su sistema filosófico definitivo. No fueron seguramente irrelevantes los años de la Gran Guerra, que Santayana pasó en Londres. La década de los años veinte, es decir, sus sesenta años, presencia la frenética publicación de artículos y prólogos, junto con *Scepticism and Animal Faith. Introduction to a System of Philosophy*, prueba manifiesta de su maravillosa productividad por lo que tiene de anuncio. Los años treinta y sus setenta años lo encuentran en la cima de su reconocimiento tanto a nivel filosófico, al completar *Realms of Being*, como literario, por el éxito de *The Last Puritan*. Sorprendentemente superado en la década siguiente con el reconocimiento de la Universidad de Columbia, el éxito de ventas del primer tomo de su autobiografía y el cierre de su sistema con *Dominations and Powers*, su obra más voluminosa. Esto explica que fuera una figura de referencia a la que se acercaban numerosos intelectuales de Estados Unidos, Inglaterra y España, fundamentalmente, al acabar la Segunda Guerra Mundial. Su obra era objeto de estudio, y sus opiniones eran repetidas entre los entendidos y publicadas en numerosos artículos. En 1946 Eugenio D'Ors le otorga el título de "decano de los filósofos españoles". No era ajeno a esa fama el interés por su obra en Argentina y México. La muerte lo encuentra escribiendo y con varios proyectos en mente, entre ellos una historia de la filosofía. Una cita suya, ligeramente sacada de contexto, como suele ser habitual en Santayana, puede leerse en los campos de concentración alemanes de Dachau y Auschwitz-Birkenau: "Those who cannot remember the past are condemmed to repeat it" (*Reason in Common Sense*, p. 284/ *The Life of Reason* (abreviada), p. 82). En torno al centenario de su nacimiento se reavivó sintomáticamente en interés por su obra, centrado en especial en sus escritos de interpretación de la cultura americana, porque cuando parte de América sufre de crisis de identidad vuelve siempre a Santayana. Destaca la labor de John Lachs, que toma el relevo de Daniel Cory en la tarea de editar artículos olvidados y manuscritos. La edición crítica en curso colocará a Santayana en un lugar destacado de la filosofía norteamericana. En España no ha desaparecido nunca del todo el interés por su vida y obra, lo que ha permitido el renacimiento actual. José Beltrán ha recogido pacientemente los datos en 'Sueños de pájaro enjaulado. Santayana en España: una aproximación bibliográfica', de reciente aparición en *limbo*.

FIN

Printed by Books on Demand GmbH, Norderstedt / Germany